Jo-Jo

Fibel
Schreiblehrgang

Vereinfachte Ausgangsschrift

von

Heidemarie Löbler

illustriert von

Maria Aurelio

Cornelsen

Jo-Jo Fibel
Schreiblehrgang
Vereinfachte Ausgangsschrift

von Heidemarie Löbler

Redaktion: Antje Bauditz, Altenstadt, Annette Huppertz, Maike Bachmann-van Helt
Illustration: Maria Aurelio, Berlin, Thorsten Saleina, Hamburg (Umschlag)
Umschlaggestaltung: Heike Börner, Berlin
Technische Umsetzung: krauß-verlagsservice, Augsburg

Quelle Seite 49: *Wittkamp, Frantz*: Mein großes Glück bist du. Münster: Coppenrath 2001.

www.cornelsen.de

1. Auflage, 1. Druck 2014

Alle Drucke dieser Auflage sind inhaltlich unverändert und können im Unterricht
nebeneinander verwendet werden.

Druck: Himmer AG, Augsburg

ISBN 978-3-06-083743-4

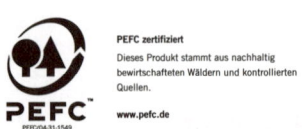

PEFC zertifiziert
Dieses Produkt stammt aus nachhaltig
bewirtschafteten Wäldern und kontrollierten
Quellen.
PEFC
PEFC/04-31-1549   www.pefc.de

Hinweise zum Einsatz

1. Grundsätzliches zum Schreiblehrgang

Beim Erlernen der Druckschrift als Erstschrift haben die Kinder bereits wesentliche Voraussetzungen erworben, um mit dem vorliegenden Schreiblehrgang zügig und problemlos die verbundene Schrift zu erlernen.

Die Vereinfachte Ausgangsschrift zeichnet sich durch ihre *gute Erlernbarkeit, Lesbarkeit und Entwicklungsfähigkeit* für das verbundene Schreiben aus. Sie ist *bewegungsökonomisch* und *verzichtet auf unnötige Drehrichtungswechsel*. Ihre Buchstaben haben eine klare Binnenstruktur und behalten in jeder möglichen Kombination ihre Form. Die Großbuchstaben sind der Druckschrift angenähert. Während sich die Druckschrift durch ihr formorientiertes, zusammensetzendes und gegliedertes Wesen auszeichnet, geht es bei der Schreibschrift um bewegungsorientiertes, zügig-verbindendes Schreiben. Daher sind *ergänzend zur Bearbeitung des Schreiblehrgangs Übungen zur Schulung der Feinmotorik und zur Kräftigung der Fingermuskulatur* erforderlich.
Weitere Hinweise dazu finden sich in den Handreichungen für den Unterricht zur Jo-Jo Fibel: ISBN 978-3-06-083779-3.

Der Schreiblehrgang berücksichtigt in hohem Maße den *für Bayern maßgeblichen Grundwortschatz* sowohl in den Schreibzeilen als auch in den Kästen mit Übungswörtern. Ferner gibt es auf der letzten Innenseite eine Liste mit Häufigkeitswörtern sowie wichtigen Verben, die ebenfalls dem bayerischen Grundwortschatz entstammen.

2. Methodische Hinweise zum Schreiblehrgang

Das Schreiben der Vereinfachten Ausgangsschrift bedarf systematischer und gründlicher Übung. Dabei steht zunächst das wichtigste Strukturmerkmal im Vordergrund: *Jeder Kleinbuchstabe endet an der Oberkante des Mittelbandes.* Das gilt zunächst auch für die Buchstaben am Wortende. Sobald die Buchstabenformen und -verbindungen routiniert beherrscht werden, kann der Verbindungsstrich am Wortende entfallen.
Neben den verschiedenen Grundbewegungen ist besonders der *Drehrichtungswechsel* bei einigen Buchstaben zu beachten. Drehrichtungswechsel kommen nicht nur innerhalb der fortlaufenden Schreibbewegung vor. Es gibt auch Drehrichtungswechsel im Anschluss an einen Halte- bzw. Bewegungsnullpunkt ①. Sie sind dann zugleich verbunden mit einem Deckstrich ②.

In der Vereinfachten Ausgangsschrift entfallen bei den Linksovalen (*a, o, d, g* ...) die Deckstriche am Wortanfang

am

und damit zusätzliche Drehrichtungswechsel. Im Wortinnern werden die Deckstriche durch die sogenannten *Luftsprünge* ersetzt:

mä

Folgende Buchstaben können als Alternativen angeboten werden:

e s t ß z

Beispiele:

leise Esel Ast heißen Salz

Übungen und Beispielwörter zu den Buchstabenvarianten finden sich auf Seite 59–63 des Schreiblehrgangs. Bei der Einführung von *e, s, t, z, ß* weisen Fibelkinder mit Sprechblasen auf die alternativen Buchstabenformen hin.

Im Allgemeinen richtet sich der Schreiblehrgang nach folgenden Prinzipien:

- Auf Seite 4 werden die Kinder mit den im Lehrgang verwendeten Symbolen vertraut gemacht. Ihnen wird die Vorgehensweise zum Erlernen der neuen Buchstaben erklärt und dadurch *selbständiges Lernen* ermöglicht.

- Auf Seite 5 befinden sich zur Einführung in die verbundene Schrift *vorbereitende feinmotorische Grundübungen*. Wo es erforderlich ist – vor allem am Anfang des Lehrgangs – gibt es zu einigen Buchstaben weitere Vorübungen.

- Der Schreiblehrgang übt die *vom Schreibablauf einander ähnlichen Buchstaben* weitgehend im Zusammenhang.

- Rote *Startpunkte* helfen, den Buchstaben an der richtigen Stelle zu beginnen. Der *Schreibablauf* ist nummeriert. *Haltepunkte bzw. Drehrichtungswechsel* sind durch Kreise markiert.

- Für *Linkshänder* erscheinen die Wörter noch einmal am rechten Zeilenrand.

- Zur Leseerleichterung und als optische Unterstützung beim Abschreiben von Wörtern sind bis einschließlich W/w *Silbenbögen* unter die Wörter gesetzt. Es empfiehlt sich folgendes Vorgehen: Wort zunächst silbierend erlesen, dann abschreiben. Danach *können* die Kinder Silbenbögen als Kontrolle setzen.

- Viele Aufgaben im Schreiblehrgang bieten *Differenzierungsmöglichkeiten*. Die entsprechend gekennzeichneten *Wahlaufgaben*  sind optional zu bearbeiten. Sie eignen sich zur Wiederholung eingeführter Wörter, zum Üben des Grundwortschatzes sowie als Ausgangspunkt für das freie Schreiben. Wahlaufgaben, die als *Partneraufgaben* ausgewiesen sind, bieten sich in besonderer Weise für kooperatives und dialogisches Lernen, z. B. in Form des Dreischritts ICH – DU – WIR, an.

- Das *Abschreiben von Texten* kann mithilfe der in den Schreiblehrgang integrierten Themenseiten (z. B. Seite 39) sowie mithilfe der Texte auf Seite 58 besonders geübt werden. Die dort versammelten Texte können innerhalb der Buchstabenprogression zu einem bestimmten Zeitpunkt abgeschrieben werden (siehe Verweishand auf den entsprechenden Seiten). Die farbige Unterteilung der Texte auf Seite 58 dient der Differenzierung.

- Über ein einfaches Bewertungssystem mit drei Smileys können sich die Kinder in Bezug auf konkrete Aufgaben *selbst einschätzen* und so den Erfolg ihres Lernens reflektieren.

- Um die Schreibfreude der Kinder zu wecken und zu erhalten, gibt es bei einigen Texten (z. B. Seite 11 und Seite 39) Anregungen zur *ästhetischen Gestaltung* der Schreibprodukte. Ferner befinden sich auf Seite 64 noch weitere Vorschläge, mit Schrift gestalterisch umzugehen.

- Das *Schreiben mit dem Füller* wird erst nach fortgeschrittenem und sicherem Umgang mit der verbundenen Schrift empfohlen.

So arbeitest du in diesem Heft:

R **r** **f** **F**	Diese Buchstaben lernst du in Schreibschrift.
	Spure die Linien mehrmals nach. Nimm dafür verschiedene Stifte.
f	Beginne mit dem größten Buchstaben. Starte am roten Punkt. Beachte die Pfeile. Spure den Buchstaben mehrmals nach. Spure auch die kleinen Buchstaben nach. Schreibe eigene dazu.
f f f	Spure graue Buchstaben und Wörter nach.
11 elf *elf elf*	Schreibe eigene Buchstaben und Wörter in die Zeile. Anfangs mit Filzstiften oder Farbstiften, später mit Bleistift.

- 🖊 schreiben
- 🖊 verbinden
- 🖊 farbig markieren
- 👥 Partnerarbeit
- 👉 Übungstext zum Abschreiben auf S. 58

- 🖊 einkreisen
- 🖊 ankreuzen
- 📖 in ein Heft schreiben
- 🪀 Wahlaufgabe

Los geht's!

5

l

Ali
Ali Ali Ali

Ball
Ball Ball

Salat
Salat Salat

Lolli
Lolli Lolli

los
los los los los

Füller
Füller Füller

lila
lila lila lila

toll
toll toll toll

Markiere den schönsten Buchstaben deines Partnerkindes.

f

Tafel

Affe

Ofen

Schiff

fünf

Koffer

5

fein

offen

Markiere den schönsten Buchstaben deines Partnerkindes.

e

o e o e o e

e e e

el el

elf elf

Gar nicht so leicht!
Deshalb kannst du e
auch anders schreiben.
Schau auf S. 59.

Esel Esel Esel

Tafel Tafel Tafel

Igel Igel Igel

Apfel Apfel Apfel

ee

ee ee

Tee Tee Tee Tee

See See See See

Klee Klee Klee Klee Klee Klee

T P

Tina Tina Tina

Tino Tino Tino

Tasse Tasse Tasse

Tanne Tanne Tanne

Tante Tante Tante

Teller Teller Teller

Polli Polli Polli

Pipo Pipo Pipo

Papa Papa Papa

Palme Palme Palme

Pinsel Pinsel Pinsel

Perle Perle Perle

F

Fe

F   F   F

Fe   Fe

F   F

Fe   Fe

Feder   **Feder**

Feder   Feder   Feder   Feder   Feder

Fee   **Fee**

Fee   Fee

Fell   **Fell**

Fell   Fell

Felle   **Felle**

Felle   Felle

Feld

Feld   Feld   Feld

Male aus.

Fels

Fels   Fels   Fels

11

i

u

Tina

Tina Tina

Pulli

Pulli Pulli

ei

eu

Seife

Seife Seife

Feuer

Feuer Feuer

Seil

Seil Seil Seil

Beule

Beule Beule

Sucht Verben mit *ei* in der Liste am Heftende.

E

E E   E

Ei Ei   Ei

Eier   **Eier**
Eier   Eier

Eile   **Eile**
Eile   Eile

Eu Eu   Eu

Eule   **Eule**
Eule   Eule

Efeu   **Efeu**
Efeu   Efeu

 Tee · Fee · Fell · Pulli · Ei · Eile · Eule · Efeu · elf

n

n

n n n

n n

in in

Tini   **Tini**

Tini Tini

nun   **nun**

nun nun

m

m

m m m

m m

im im

Tim   **Tim**

Tim Tim

um   **um**

um um

ein   ein

ein   *ein*

eine   eine

eine   *eine*

ein oder *eine*? Vergleicht eure Lösungen.

ein

nein   nein

nein   *nein*

fein   fein

fein   *fein*

mein   mein

mein   *mein*

Feile   Feile

Feile   *Feile*

ein Fell · ein Pulli · ein Tee
ein Teil · ein Ei · ein Efeu
eine Eule · eine Fee · eine Feile

O o

O O O

o o o

Omi
Omi

Omi
Omi

Ofen
Ofen

Ofen
Ofen

Polli
Polli

Polli
Polli

Telefon
Telefon

Telefon
Telefon

no

no

no

no

no

Tino
Tino

Tino
Tino

a

a
a

a   a   a

alle   alle

au   au   au

auf   auf

Tina   **Tina**
Tina   Tina

laufen   **laufen**
laufen   laufen

finden   **finden**
finden   finden

d

d
d

d   d   d

da   da

die   die

und   und

 Diktiert euch die Wörter.

die Oma · die Tafel · die Eule
malen · fein · mein · um · und · nun

D

D D D
D D
Di Di
De De
Da Da
Do Do

Dino Dino
Dino Dino

Dame Dame
Dame Dame

Delfin Delfin
Delfin Delfin

Domino Domino
Domino Domino

Oma und Tina malen Delfine.

18

S s

S S

See   See
Seil   Seil

es   es
das   das

S

SS

so   so
essen   essen

Seife · Sonne · Eis · Esel
Pinsel · sie · sind · leise
lesen · als · also · aus

Du kannst das s
auch anders schreiben.
Schau auf S. 60.

t

Probiere auch das andere t auf S. 61 aus.

tun   tun   mit   mit

ist   ist   nett   nett

Ente   Ente

St   St   St   st   st   st

Steine   Steine

Stunde   Stunde

still   still

Bilde Sätze.

Die Tante	ist	so fein	?
Findest du	ist	im Salat	!
Der Salat	Tomaten	nett	.

☞ Seite 58

N

N N N
N N
Not
Not

Nest Nest
Nase Nase
Nuss Nuss

✏ **Welche Silben passen zusammen?**

No		del	se
Na	Na		te
Nu	Na	me	del

Nina Name

Das war: ☺ leicht ☺ mittelschwer ☹ schwer

Sein Name ist Nils.

M

M M M M

M M

Ma Ma

Me Me

Mama Mama

Mantel Mantel

Meise Meise

Mai Mai

Verbinde die Silben und schreibe.

| Mi | nu | te |

| Mu | se | um |

| Mei | sen | nest |

| Mau | se | fal | le |

Schreibe die vier Nomen mit Artikel auf:

die Minute ...

A

A A   A

A   A

Au Au   Au

Au   Au

Auto   Auto

Ast   Ast

Anton   Anton

Anita   Anita

Ameise   Ameise

Kreise die Tiernamen ein und schreibe sie auf.

Affe   Auto
Automat   Ast
Aal   Atlas
Amsel
Ameise

Aal

Suche weitere A-Wörter im Wörterbuch.
Schreibe sie mit Artikel auf.

R r

R R R

r r r

Rose   Rose

rufen   rufen

der   der

oder   oder

✏ Ordne die Nomen.

Raum   Radio   Pferd   Feder

Stern   Mutter   Ruder   Reise   Partner

der	die	das
Raum		

🍎 👥 📖✏ Diktiert euch die Nomen mit Artikel.

re   re   ro   ro

reden   reden

rot   rot

✏️ **Was machen alle? Was macht Tino?**

tur ler rei ru re	sen nen nen fen den

Alle …   **Tino …**

Alle reisen. → Tino reist.

Alle   → Tino

→

→

→

Das war: 🙂 😐 🙁

leicht   mittelschwer   schwer

📖✏️ **Schreibe lustige Sätze.**

Rudi	redet	im See.
Ritter Rolo	reitet	mit dem Roller.
Rosali	lernt	auf dem Stern.
Der Pirat	rennt	mit einem Eimer.

p

p p p

pp pp

Opa

Opa

Puppe Puppe

Ampel Ampel

Raupe Raupe

Nomen blau, Verben rot.

Nomen	Verben
Pappe	pusten

Mappe
Pappe
paddeln
Papa
pusten
plappern
Suppe
passen
piepsen
Puppe Papier
stoppen

 Schreibe alle Nomen mit Artikel auf.
Denke dir eine Geschichte dazu aus.

Pf Pf Pf   pf pf pf

Pferde   Pferde

Apfel   Apfel

 Pflaume   pfeifen   Topf

Pflaume	pfeifen	Topf

Sp Sp Sp   sp sp sp

Sport   Sport

spielen   spielen

sparen   sparen

Pfanne · Pferd · Pfote
Dampf · Napf · Tropfen
Spaten · Spiel · Spinne
sparen · speisen · sprechen

Tinos Familie

Opa und Tino spielen.

Paola pfeift laut.

Papa isst einen Apfel.

Pollis Pfoten sind nass.

☞ Seite 58

I

J J J J

J J

Ina Ina

Ines Ines

Idee Idee

Insel Insel

Indianer Indianer

Verbinde die Silben und schreibe.

| In | di | a | ner |

| In | ter | net |

Lest gemeinsam laut. Drei Sätze sind richtig.

○ Indianer reiten oft auf Pferden.

○ In einem Stall findest du Tiere.

○ Auf allen Inseln rodeln Indianer.

○ Inas Pulli ist rosa.

○ In der Natur lernen Pferde pfeifen.

○ Im Sommer reist die Idee auf eine Insel.

Ina

Schreibe die richtigen Sätze ab.

H h

H H   H   h h   h

Hase   Hase

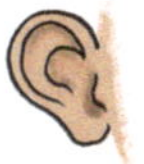

Ohr   Ohr

holen   holen

Welche Wörter sind keine Tiernamen?

Hahn   Haus
Hose   Hund
Hai   (Helm)
Hut

der Helm   die

der   das

Hai · Hand · Himmel · Herd · Hund
helfen · hell · her · heute · hinter

Schreibe in Schreibschrift.

Tino hat Husten. Er ist heiser. Seine Nase
ist sehr rot. Holundertee soll ihm helfen.

29

C c

C C   C

c c   c

Cent   Cent

Comic   Comic

die Creme   der Comic   der Computer   die Cola

Meine Freunde lesen Comics.

Sie lernen am Computer.

Alle sparen Euro und Cent.

Schreibe, was Celina macht: Celina liest Comics. ...

Ch ch

Ch Ch Ch   ch ch ch

Chor   Chor   ich   ich

China   China

machen   machen

sprechen   sprechen

chs chs   chs

6 sechs   sechs

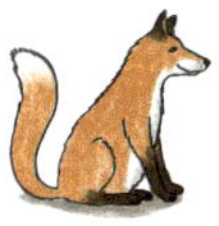

 Fuchs   Fuchs

lachen · riechen · suchen
rechnen · dich · doch
durch · hoch · leicht
nach · nicht · sich

 Schreibe zu fünf Wörtern
einen Satz:

Ich lache oft.
Pipo riecht ...

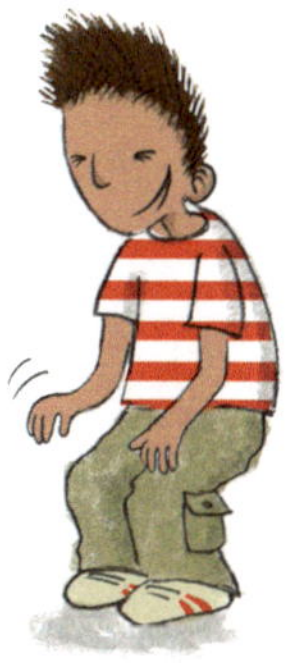

Sch sch

Sch Sch Sch

sch sch sch

Sch   Sch   sch   sch

Schule   Schule

Fisch   Fisch

Schere

Sche
Scha
Schau
Schlei

re
fel
fe
le

✏ **Welche Silben passen zusammen?**

du   schla   schnei   fen   den   schen

📖✏   Tisch · Tasche · Schaf
Schrift · schauen
scheinen · schlau
schon · frisch

📖✏ Schreibe in Schreibschrift.

Nach der Schule
Ina schneidet Fische aus.
Tina sammelt Flaschen ein.
Tino schaut Fotos an.
Paola schreit unter der Dusche.

L L L L

Lama · Lama

Leute · Leute

✏️ Ordne die Nomen.

das

Lamm

die

Lehrerin

Lamm   Lampe

Lama   Lineal

Laterne

Licht   Lasso

Lehrerin

Lippe

Leiter

Diktiert euch die L-Wörter mit Artikel.   👉 Seite 58

Z

Z Z   Z

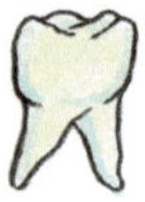

Zahn

Zahn

Zeit   Zeit

10 Zahl   Zahl

z

z z   z

Herz

Herz

Gelingt dir das z auf S. 63 leichter? Probiere es aus.

tanzen   tanzen

Zimmer · Zoo
Pflanze · Pizza · Salz
zahlen · zittern
ziehen · dazu · zuerst

 Schreibe in Schreibschrift.

Paola tanzt oft durchs Zimmer.

Die Zitrone ist Tino zu sauer.

Mama hat zehn Zehen.

Im Zoo zerrt Pipo an der Leine.

tz

Was reimt sich?

flitzen · Satz · hetzen · sitzen · Platz · petzen

Was passt zusammen?

Opa	putzt
Oma	sitzt
Polli	spitzt
Leon	flitzt

immer auf seinem Platz.
den roten Stift.
hinter einer Maus her.
manchmal Tinas Schuhe.

Schreibe die Sätze ab.

Schreibe mit den Reimwörtern von oben eigene Sätze.

U

U U U

Uhu

Uhu

Ufer · · · Ufer

Uhr · · · Uhr

✏ Verbinde die Wortteile. Schreibe die Nomen mit Artikel auf.

Un- — fall
           sinn
           recht

✏ der

✏ Welche Wörter passen?

Unterricht · Unsinn · Ufo

Uranus

_____ ist ein Planet.

Das lernt Leon im _____.

Im All ist ein _____.

Tina ruft: „So ein _____!"

🪀📖 Suche weitere U-Wörter im Wörterbuch.
Schreibe sie mit Artikel auf.

B b

B B B

b b b

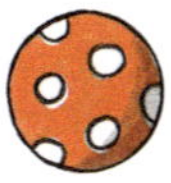

Ball   Ball

Buch   Buch

bunt   bunt

baden   baden

Schreibe in Schreibschrift.

Ich lese in meinem Buch.

Ich bade im Meer.

Das war:

Baum · Biene · Bild · Birne
Blatt · Blume · Brot
Bruder · Bub · Laub · Roboter

 Suche Verben mit b in der Liste am Heftende.

| bl | bl | br | br |
| be | be | bei | bei |

blau   blau

braun   braun

brauchen   brauchen

Rabe   Rabe

Nebel   Nebel

aber   aber

arbeiten   arbeiten

 **Verbindet die Silben. Vergleicht eure Lösungen.**

to
blei
le   ben
schrei
lie

toben → er tobt

     → er

     → er

     → er

     → er

Bei Tinas Bruder Leon

1. Tina und Leon sind
   in Leons Zimmer.
2. Dort ist ein tolles Bild
   mit der Sonne.
3. Um 12 Uhr ist sie oben
   am Himmel.
4. In der Nacht ist es finster.

Ä ä

Ä   Ä   Ä

ä   ä   ä

Bär   Bär

Mädchen   Mädchen

zählen   zählen

Aus A wird Ä, aus a wird ä.   Apfel   Satz   Zahn

der Apfel   die Äpfel

Schreibe in Schreibschrift.   Märchen   schnell

Oma liest mit dir ein Märchen.

Das Mädchen zählt schnell.

Schreibe die Nomen in
der Mehrzahl und Einzahl:

die Fässer – das Fass

Fässer · Hände · Bälle

Dächer · Bäder · Räder

Plätze · Schnäbel · Äste

Äu äu

Äu *Äu*

äu *äu*

äu *äu*

träumen *träumen*

✏️ **Aus au wird äu.** Maus Haus Baum

das Haus *die Häuser*

✏️ **Was passt?** Träumen aufräumen schäumen

Zäune Bäuerin er läuft Räuber läuten

Bauer	laut
Traum	Raum
laufen	rauben
Zaun	Schaum

 **Schreibe alle** *äu*-**Wörter dieser Seite ab.** 👉 Seite 58

Ö ö

Ö Ö   Ö

ö ö   ö

Öl   Öl

hören   hören

schön   schön

✏ Aus eins mach zwei.   Ofen   Horn   Dorf

der

✏ Schreibe in Schreibschrift.   öffnet   Schrift   Heft

Die Mutter öffnet Tinas Heft.

„Du hast eine schöne Schrift!"

Das hört Tina oft.

📖✏ Schreibe in Schreibschrift. Male dazu.   Dornröschen ist schön.

Ü ü

für für

Füller   Füller

über   über

 Welche Silben passen zusammen?

hüp	blü	müs
dür	füh	brüt

fen	sen	fen
len	hen	len

brüllen

 Was darfst du?

○ ein Feuer anzünden

○ in der Bahn laut brüllen

○ im Heft mit dem Füller üben

○ mich über schöne Blüten freuen

 Ich darf ...

V V

V V V   V

v v   v

Vase   Vase

Vater   Vater

viel   viel   vor   vor

✏ Setze die Silben zusammen.

ver-

raten   stehen   tauschen

schreiben   reisen   sprechen

verraten

Schreibe *ver*-Wörter mit:

blühen · laufen · lernen · lieben
rechnen · schieben · schlafen

W w

W W W

w w w

Wiese   Wiese

warten   warten

wir   wir   weil   weil

Löwe   Löwe

Schreibe in Schreibschrift.

antworte   Woche   Wörter

Schwester

Ich antworte meiner Schwester.

Wir üben in einer Woche viele Wörter.

Wasser · Wind · Winter · Wolf · Wort
Wurzel · Clown · Schwan · wünschen
wollen · schwarz · weit · weiter · zwei

Schreibe zu fünf
Wörtern einen Satz.

Was willst du von deinem Partnerkind wissen?

Was ...? Wo ...? Warum ...? Wann ...? Wie ...?

G g

G G G   g g g

Gras   Gras

gut   gut

gehen   gehen

✏ Schreibe in Schreibschrift. *Gemüse*   *gesund*   *spazieren*

Grünes Gemüse ist sehr gesund.

Frau Löber geht im Regen spazieren.

Ali gibt Tina sieben gelbe Blumen.

Quiz: Wer kennt
die Mehrzahl?
Schreibt sie so auf:

Gabel · Aufgabe
Auge · Weg · Ziege

Vogel
Gans · Gras

die Gabel – die Gabeln

✏️ **Setze die Nomen zusammen. Schreibe sie mit Artikel auf.**

Garten — Tor / Zwerg / Haus

das Gartentor

✏️ **Verbinde die Silben.**

lie · zei · le · sa · fra · gen

liegen → er liegt

→ er

→ er

→ er

→ er

ng ng   ng

Ring   Ring

eng   eng

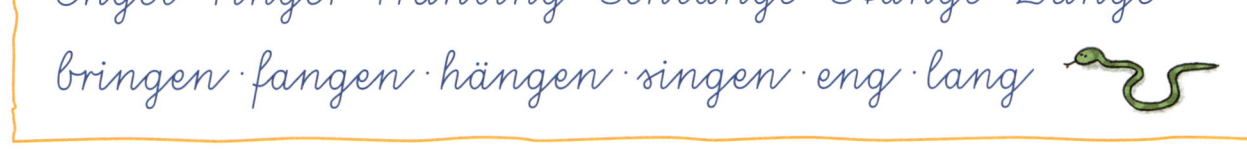

Engel · Finger · Frühling · Schlange · Stange · Zunge
bringen · fangen · hängen · singen · eng · lang

 📖✏️ **Schreibe zu 5 Wörtern einen Satz:** Ein Engel ...

👉 Seite 58

J | j

J J | J

j j | j

Jo-Jo | Jo-Jo

Junge | Junge

✏ **Welche Silben passen zusammen?**

jodeln

ja	deln
ju	gen
jam	mern
jo	beln

✏ **Was stimmt? Antworte mit _ja_ oder _nein._**

Ist der Jaguar ein gefährliches Tier? →

Ist der Januar der zweite Monat des Jahres? →

Mögen viele Jungen Judo als Sport? →

Ist im Juni und Juli Sommer? →

📖✏ **Schreibe die Antworten als Sätze.**
Der Jaguar ist ...

Jahr   *Jahr*

Tag   *Tag*

Jedes Jahr gibt es wichtige Tage:

Geburtstag, Namenstag, Muttertag, Vatertag.

Mache jemandem, den du magst, eine Freude.

Für _____

Ich schreibe erstens deinen Namen.

In Sonntagsschrift, gut leserlich.

Und zeichne zweitens einen Rahmen.

Das ist das schönste Bild für mich.

Dein _____   Deine _____

Frantz Wittkamp

K k

K K K

k k k

Kiste — Kiste

Katze — Katze

Klasse — Klasse

klein — klein

können — können

krank — krank

Wolke — Wolke

Was kannst du kaufen?

○ Kaffee ○ Kaiser
○ Kinder ○ Köpfe
○ Kuchen ○ Kekse
○ Kleider ○ Krokodile

Schreibe in Schreibschrift.

Ich kann Kaffee kaufen.
Ich kann keine Kinder ...

ck

ck   ck   ck

ck   ck

dick

dick

Jacke   Jacke

backen   backen

Nomen blau, Verben rot, Adjektive grün.

Brücke   schlecken   fleckig   Lücke

wecken   Mücke   dreckig   schmecken   eckig

Nomen	Verben	Adjektive
Brücke	schlecken	fleckig

Das war: ☺ 😐 ☹

Wörter mit nk:

Bank · Schrank · Enkel · Onkel · danken · denken

funkeln · trinken · winken · zanken · dunkel · links

Schreibe zu vier nk-Wörtern einen Satz.

β

ß   ß   ß

groß

groß

Füße

Füße

Ich weiß, wie man ß noch schreiben kann. Schau auf S. 62.

✏️ **Was reimt sich?**

Fuß   gießen   Floß   Gruß   fließen   Kloß

✏️ **Was passt zusammen?**

Die Suppe ist	Straße.
Schokolade ist	süß.
Zum Fleisch gibt es	heiß.
Der Schnee ist	Soße.
Autos fahren auf der	weiß.

🪀 👫 📖 Schreibt Sätze mit den Reimwörtern von oben. Malt dazu.

ßen   ßen   ßt   ßt

heißen   heißen

gießen   beißen   gießt   beißt

~~schießen~~   reißen   ~~schießt~~   reißt

schießen → er schießt

er

er

er

📖✏️ **Schreibe fünf lustige Sätze.**

Kinder	grüßen	süßen Pudding.
Eltern	beißen	fleißige Kinder.
Hunde	verschenken	große Füße.
Väter	lieben	heiße Würstchen.
Kaiser	genießen	weiße Rosen.

Elefant – groß – Maus

Sonne – heiß – Feuer

Biene – fleißig – Fisch

Vergleiche:

Der Elefant ist größer als eine …

Qu qu

Qu Qu Qu   qu qu qu

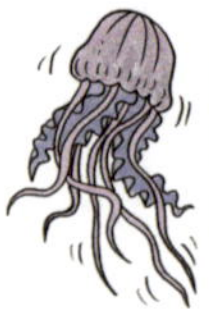

Qualle   Qualle

quer   quer

✏ Welche Silben passen zusammen?

| qua | qual | quie | quiet | | ken | ken | men | schen |

✏ **Was ist es?**   Quatsch   Quark   Quelle   Quadrat

Er wird aus Milch gemacht.
Kartoffeln schmecken gut dazu.

Es ist ein besonderes Viereck.
Alle Seiten sind gleich lang.

  **Erfinde für die anderen Wörter selbst Rätsel.**

Y y

Y y

Y Y Y   y y y

Yak .... Yak

Teddy .... Teddy

Pony .... Pony

Was passt zusammen?

Das Baby	ist ein Gewürz.
Thymian	ist ein gesundes Hobby.
Yoga	erfreut die Familie.
Pyramiden	blüht im Frühjahr.
Die Hyazinthe	ist ein vornehmer Hut.
Ein Zylinder	gibt es in Ägypten.

Schreibe die Sätze ab.

X x

X X X

x x x

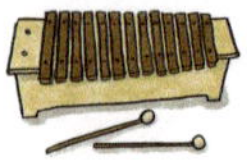

Xylofon Xylofon

Text Text

Hexe Hexe

Taxi Taxi

 Schreibe drei Sätze.

Hexen		mi
Boxer	können	he — xen.
Mixer		bo

Schreibe lustige Sätze, in denen möglichst viele Wörter mit X und x vorkommen.

 Seite 58

Nun hast du alle Buchstaben in Schreibschrift geübt.
Finde heraus, ob du sicher bist. Schreibe in Schreibschrift.

Haie

Es gibt viele Arten von Haien.

Haie haben scharfe Zähne.

Sie fressen Fische und

andere Meerestiere.

Mit den großen Flossen können

sie sehr schnell schwimmen.

Das war:

Dein Partnerkind kontrolliert
deinen Text und markiert Fehler.

Schreibe Sätze mit Fehlern
noch einmal richtig
in dein Heft ab.

Haie
Es gibt viele Arten von Haien.
Haie haben scharfe Zähne.
Sie fressen Fische und
andere Meerestiere.
Mit den großen Flossen können
sie sehr schnell schwimmen.

Nach t (Seite 20)

Alle lesen

Tina und Tino lesen.
Sie finden eine tolle Seite.
Da sind Dinos und Delfine.
Tante Sina liest mit Polli.
Das ist nett.

Nach Sp/sp (Seite 27)

Sport

Eine Stunde Sport ist immer
spannend. Lara spurtet als
Erste los. Dann startet Anton.
Er ist ein toller Sportler.
Anita spannt das Seil.
Am Ende spielen alle.

Nach L (Seite 33)

In der Schule

Alle lernen und passen auf.
Leon rechnet schon im Heft.
Er sucht sein Lineal.
Ist es in der Mappe? Nein!
Schade! Es ist
leider nicht da.
So ein Pech!

Nach Äu/äu (Seite 41)

Im Allgäu

Ina macht bei einer Bäuerin
Urlaub. Sie spielt unter
den Bäumen. Sie träumt
und ist sehr leise.
Da läuft ein Mäuschen zu
ihr. Aber es huscht schnell
in sein Loch.

Nach G/g (Seite 47)

Eine lustige Geschichte

Ein Igel und eine Schlange
essen ohne Gabel Gemüse
im Garten. Dann liegen sie
gemütlich im Gras.
Ein Vogel sitzt ganz fröhlich
im Gebüsch und singt
schöne Lieder.

Nach X/x (Seite 56)

Die kleine Hexe

Es war einmal
eine Hexe. Sie träumte von
einem neuen Hexenhaus und
einem schnellen Hexenbesen.
Doch verflixt! Sie konnte
ihr Zauberbuch nicht mehr
finden. Der Rabe Xaver
lachte darüber.

e

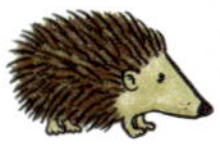

Igel

Igel Igel Igel

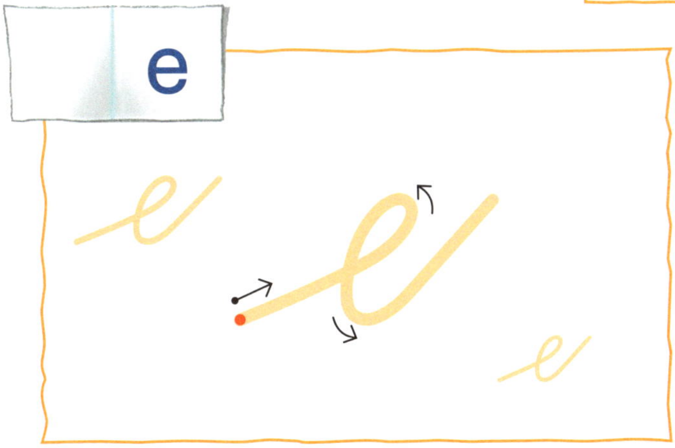

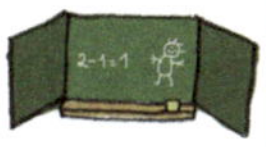

Tafel

Tafel Tafel

ee

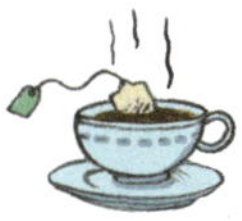

Tee

Tee Tee Tee

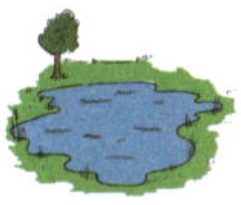

See

See See See

ei ei ei

eu eu eu

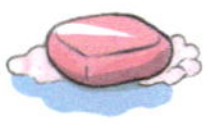

Seife

Seife Seife

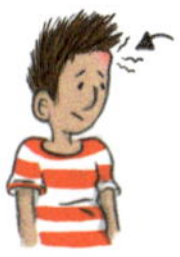

Beule

Beule Beule

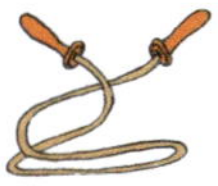

Seil

Seil Seil Seil

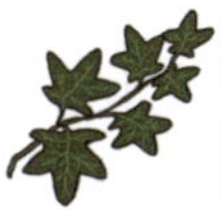

Efeu

Efeu Efeu

s

s s s s s

es

es es

das

das das

Dose Dose

so

so so

ss ss

muss

muss muss

essen

essen essen

Sessel Sessel

Seife · Sonne · Eis · Esel · Pinsel · sie
sind · leise · lesen · als · also · aus

zu Seite 20

t

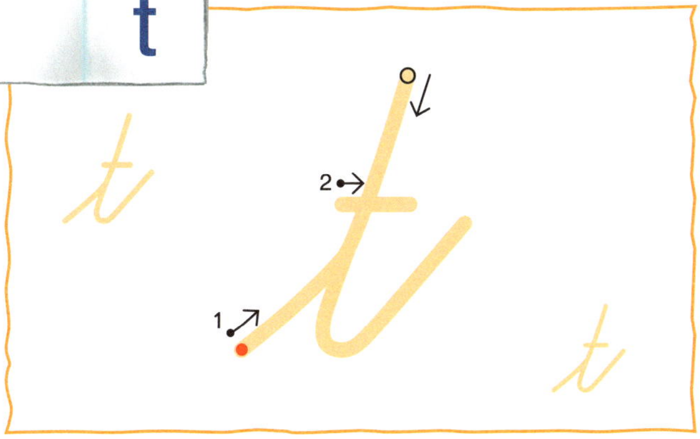

t t t

mit mit

tun tun

tt tt

nett nett

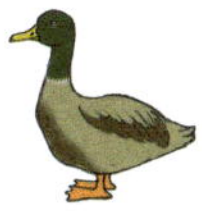

Ente Ente

St St St

Stein Stein

st st st

ist ist

Stunde Stunde

zu Seite 27

sp sp sp

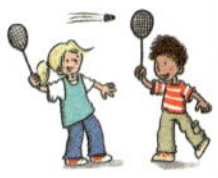

spielen spielen

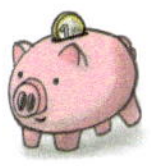

sparen sparen

Pfanne · Pferd · Pfote · Dampf · Napf · Tropfen

Spaten · Spiel · Spinne · sparen · speisen · sprechen

sch

sch sch sch

Fisch

Fisch

schlafen

schlafen

Tisch · Tasche · Schlaf · Schrift · schauen
scheinen · schlau · schon · frisch

ß

ß ß ß ß ß ß ß

ß ß ß

Füße

Füße

groß groß

ßen ßen ßt ßt

heißen heißen

z

z

10 zehn

zehn

tanzen   tanzen

Zimmer · Zoo · Pflanze · Pizza · Salz
zahlen · zittern · ziehen · dazu · zuerst

tz

tz tz

tz

etz   etz

Satz   Satz

Schatz   Schatz

spritzen   spritzen

Male eigene Bilder mit
Wörtern in Schreibschrift.
Versuche es mit: *Haus*
Wind · Sonne · Regen
Tropfen · Wellen · Auto

Schnecke Schnecke Schnecke Schnecke Schnecke

Eis

Denke dir eine besondere
Unterschrift aus.

Tina

Wie findest
du meine?

Male ein großes Herz. Schreibe ein Gedicht
oder einen Gruß hinein. Schneide das Herz aus.
Falte daraus einen Briefumschlag.

Ich habe dich sehr lieb
Dein Tino

1

2

3

4